청산무

청산무

임 보 시집

도서출판 움

머리의 말

제23시집 『청산무靑山舞』에 수록된 작품들은
연수年數로는 3년에 걸쳐 생산된 작품들이다.
2016년도 후반의 작품 5편, 2017년도의 작품 52편,
그리고 2018년 전반부의 작품 21편을 묶은 것이다.
그러니 작품이 생산된 시간적 배경은
주로 2017년도가 중심이 된다고 할 수 있다.
이 시집은 작품들의 주제와는 상관없이
생산된 순서대로 그냥 묶었다.

한평생 시와 부대끼다 보니
이젠 시와 겨루고 싶지 않다는 생각이 들기도 한다.
그래서 요즘 내 시는 흥청거린다고나 할까?
자유분방, 아니 건방지다고 할 수 있을지 모르겠다.
내 시에서 흥겨움을 느낄 수 있다면
함께 춤을 추워도 무방하리라 생각된다.
부디 내 시와 더불어 작은 위안이라도 받으시길…

2020년 늦봄
삼각산 밑 운수재에서
임 보

차례

2부 씨들의 길

3부 실로폰 소리

4부 루드블랑

제5부 고요의 뼈

1부

천하명당

그런 바보가

사람들 앞에선
노래 한 자락도 못 한!

속으론 좋아하면서도
말 한마디 못 한!

얻어맞기만 하고
한번도 때려보지 못 한!

그런 바보가

오늘밤 촛불들 틈에서
목청이 째지는구나!

떼춤노래

춤이 먼저 생겼나?
노래가 먼저 생겼나?

춤과 노래가 한 덩어리였던 민요무용(ballade dance)
을
춤과 노래의 기원으로 잡는 모양이다

흥이 나면 몸을 움직이며 소리를 질렀거니
그것이 예술의 기원인 원시종합예술
그 뒤에 노래와 춤이 갈라섰고
다시 노래에서 시와 음악이 나누어졌다

옛 사람들은 흥이 나면 소리를 길게 늘였는데
그래서 노래를 영언永言이라 했지 않은가
그런데 지금 사람들은 흥이 나면
말도 노래도 빨라지나 보다

요즘 젊은 가수들의 공연을 보면
노래보다는 춤이 우선인 것 같다
그것도, 떼로들 모여 펼치는 군무다
노래도 가사 전달이 안 될 만큼 빠르다
그래서 요즘 노래는 영언이 아니라 속언速言

젊은 이이돌의 공연은 노래라기보다는
춤과 노래와 집단이 어울린 군무송群舞誦!
원시종합예술의 형태로 되돌아가는 건가 보다.

비틀비틀

절주하라는 의사의 경고에 따라
하루 3잔씩으로 줄였는데

텔레비전 뉴스 중계를 보다가
이 계율이 무너진다

술이 해결할 수 있는 것도 아닌데
기우는 세상을 술에 의지하다니

세상도 취하고 나도 취하고
따로 따로 비틀비틀 굴러간다.

내가 산이면

산을 보며 자란 사람은
마음이 맑습니다

바다를 보며 사는 사람은
가슴이 넓습니다

내가 산이면
내 자손들의 마음이 푸르고

내가 바다면
내 제자들의 가슴이 트입니다.

청산무青山舞

푸른 산 속 개울가 큰 너럭바위 위에
휘청거리며 움직이는 한 사람이 있네

짚신에 누더기 걸친 백발의 늙은이
한 손엔 청려장 또 한 손엔 호리병

볼그레한 얼굴에 들썩이는 어깨
흔들리는 품새로 보아 춤을 추나 보네

앞으로 몇 걸음 다시 뒤로 몇 걸음
좌로 몇 발짝 또 우로 몇 발짝

넘어질 듯 일어서고 쓰러질 듯 살아나고
호리병에 매달렸다 지팡이에 의지했다

밀고 당기며 끊어질 듯 이어지는
느리게 뒤뚱대는 게으름뱅이 춤사위

청려장의 장무杖舞요 호리병의 병무甁舞로세
근심 떨친 무애무無礙舞요 불로장생 선무仙舞로다

개울물의 현금소리 딱따구리 비파소리
청설모도 들썩이고 청노루도 껑충이고

흰구름도 너울너울 청솔가지도 휘청휘청
얼씨구나, 온 청산이 신명난 춤판일세.

능파각凌波閣 교주校註

다음은 연전에 내가 쓴 「능파각」이란 4단시다.

개울 위에 다락을 세웠으니 누각樓閣이요
개울 위에 다리를 놓았으니 교량橋梁이요
개울 위에 절문을 얹었으니 산문山門이다
동리산桐裏山 계곡 물 위에 뜬 봉황의 집

그리고 작품의 끝에 아래와 같은 주註를 붙였다.

* 능파각은 곡성 태안사泰安寺 입구에 세워진 누각.
개울물 위에 세워져서 능파각이란 이름을 갖게 되었다고 한다.

흐르는 개울 위에 세운
문門이면서 다리[橋]이면서 또한 집[樓閣]—
'능凌'은 '건넌다'는 뜻이 아닌가!
그러니 '능파凌波'라는 이름은
'개울물을 건넌다'는 뜻이겠거니 하고

'개울물 위에 세워져서 능파각이라고 했다'고
내 멋대로 주를 달았던 것이다.

그런데 사실은
'능파'라는 말이 물을 건넌다는 뜻이 아니라
'미인의 가볍고 우아한 발걸음을 형용하는 말'임을
뒤늦게야 알았다.
이를 어찌한단 말인가!
이미 내 글은 활자화 되어 세상에 떠돌고 있는데…

세상을 어지럽힌 죄 어떻게 돌이킬 길 없어
여기 「능파각 교주」를 써서 부끄러움을 덜고자 한다.

천하 명당明堂 · 2

명당이 어딘고 하니
지금 앉아 있는 내 집의 식탁 자리

오른편 탁자 위엔 TV가 켜져 있고
왼편 창밖엔 푸른 뜰이 내다보인다

천리 밖 허상虛像과 지척의 진경眞景
두 세상을 아울러 거느린 공간

TV에선 뉴스와 광고전이 치열하고
뜰에선 귤과 백모란이 다투어 꽃을 열고 있다

찾아올 사람도 찾아야 할 사람도 없는
한가로운 5월의 첫머리 오후

저쪽도 기웃 이쪽도 기웃
사바娑婆와 정토淨土를 넘나들며

매실주 한잔 곁에 놓고
<청산별곡> 흥얼거린다.

흥겨운 만남

늦은 봄날 오후
종로3가 허름한 추어탕집에서
옛 친구들(고교 동창생) 몇이 만나
보쌈에 소주, 막걸리, 맥주 몇 가지 술을 놓고
각기 제 취향대로 마시며 떠들어댄다

동장을 지낸 P군이 얼마 전에 프랑스 다녀온 얘기를
외교관으로 출세한 아들 자랑 곁들이면서
신명나게 한다
"……어느 바닷가를 갔는데 말이시
금발의 한 미녀가 아이를 데리고 백사장을 거닐고 있어서
'내 귀는 하나의 소라껍질…'
장콕도의 시를 아느냐고 물었더니 고개를 흔들더라고…"
(그것도 며느리에게 통역을 시켰다나
그 며느리 속으로 별종의 시아비라고 했으리)

방송국 앵커 출신의 R군은 일곱 살짜리 손자에게 푹 빠져
그놈을 위한 시를 매일 쓴다며 한 편 가져와서 읽어 주는데
제목이 「차라리」다
"…… 녀석이 요새 '차라리'라는 어려운 부사를 터득해서
즐겨 사용하고 있단 말이시… 차라리 잘래, 차라리 밥 먹을래…"
고슴도치도 제 새끼를 함함하다 한다는데
늦게 본 손자 얼마나 귀엽겠는가?

사업가 S군은 고등학교 때 극장에 몰래 드나들다 정학당한 얘기
(그때는 왜 그랬는지 생활지도부 교사들이 극장에 온 학생들을 검거하여 정학을 시키곤 했다)

'로마의 휴일'의 그레고리 펙, 오드리 헵번 정도는 나도 알지만
그는 내가 알지 못하는 수많은 영화들과 배우들의 이름을
청산유수로 꿰고 있다
대학 입학시험을 보기 위해 처음 서울에 와서
내 나이 또래의 여관집 딸이 그의 어머니에게 들려주던
신명난 영화 얘기를 문틈으로 엿들으며
감미로운 서울말씨에 흠뻑 빠졌던 추억이 떠올랐다
'OK목장의 결투'! 버트 랭캐스터, 커크 더글라스…!

한잔씩 들어가자 오입 얘기다
종3, 전에는 이 근처가 얼마나 유명한 성지性地였던가?
붉은 등들이 골목마다 밤을 밝히고
멋모르고 붙들려 들어가 동정을 빼앗겼던 얘기며
체코지 유곤지— 어느 서양나라에 가서

푸른 눈의 슬라브 여인을 어쩌지 못하고 눈만 들여다보았다는 얘기며
탱탱한 흑인 여인… 그래도 역시 동양 여성이라는…

힘은 다 빠지고 입만 살아 있는
산수傘壽에 접어든 늙은이들
시간 가는 줄도 모르고 젊은 날의 추억에 빠져
채신머리없이 허덕이고 있다.

비교하지 말라지만

인데놀이라는 부정맥 약을 처방받으러
4개 월에 한 번씩 대학병원에 간다

내 담당의사의 진료실 앞은
수십 명의 환자들로 늘 북적대는데
바로 옆방의 진료실 앞은 한산하다

왜 내겐 환자가 없을까 하고
한가한 의사 스트레스 좀 받을 것 같다

옆 가게는 찾는 손님 많은데
파리 날리고 있는 상점의 주인처럼

남의 논밭엔 곡식이 잘 되었는데
농사 망친 농부의 심사처럼

남의 자식들은 다 잘 되었는데

자식 자랑 할 것 없는 애비처럼

근심없이 살려거든 비교하지 말라고 하지만
행복하게 살려거든 쳐다보며 살지 말라지만

눈에 보이는 걸
귀에 들리는 걸
어이 막을 수 있단 말인가?

배경에 관하여

당신이 좋아하는 빛깔은?
분홍이라고?

그런데 만일
세상이 온통 분홍빛이면
좋을 것 같은가?

아마도 당신은
미치고 환장할지 모른다!

분홍이 곱게 드러나 보인 것은
파랑과 검정과 초록과 노랑과…
분홍 아닌 다른 빛깔들이 받치고 있기 때문

그러니 분홍만을 좋아하는 게 아니라
다른 빛깔들 속의 분홍
다른 빛깔들과 어울리는 분홍을 좋아하는 것!

선善이 돋보이는 것은
악惡이 받쳐 주고 있기 때문

미인이 돋보이는 것은
추녀들이 받쳐 주고 있기 때문

부자가 돋보이는 것은
가난뱅이들이 받쳐 주고 있기 때문

사람들아,
후진 배경들을 너무 탓하지 말라!
후진 배경들이 그대를 살려낸다!

미래를 보다

내 해골이 참 흉측하다
이[齒]는 몇 개 보이지 않고
이빨이 있어야 할 자리에
시커먼 쇠막대들이 군데군데 꽂혀 있다
임플란트를 해 넣은 자린가 보다

나는 지금 치과병원의 진료의자에 누워서
눈앞에 걸려 있는 엑스레이 사진을 보고 있다
나는 타고난 이빨의 거의를 잃어
몇 개의 임플란트를 심고 거기에 틀니를 걸어
연명하고 있는 실정—

얼마 전엔 내시경으로
자신의 대장을 들여다보기도 했다
붉은 동굴에 들어간 탐험대처럼
스스로 제 몸속을 여행하면서
눈부신 신비경에 경탄키도 했건만…

오늘은 깨진 윗틀니를 수리하러 와서
(지금 상 하악의 모형을 뜨고 있는 중)
나는 내 해골을 보고 있다
장차 살을 털어낸 내 육신의 정체가
저런 형상이려니 생각하니 허탈키만 하다.

즐거운 술시

내 술의 시간— 술시는 오후 5시쯤
천하명당 내 식탁 앞에 앉아 잔을 기울인다

좌청룡 바깥 뜰에는
벽을 기어오른 능소화가
가지마다 분홍꽃들을 매달고
깔깔대고

우백호 책상머리 텔레비전 모니터는
세상사 전하느라 목이 쉬었다
국회 청문회가 어떻고
미국 대통령이 어떻고…

나는 조금 남은 술병의 매실주를
한 잔 더 마셔야 할 것인가
그만 참아야 할 것인가 생각 중

매일 열심히 물을 주면서 기른
몇 그루의 오이가 좋은 안주를 제공한다
싱그러운 생오이를 고추장에 찍어
아삭 씹다 보면

어느 덧 내 손이
술병의 남은 매실주를 잔에 따르고 있다.

업業

서재로 쓰고 있는 건넌방 방바닥을 디디면
가끔 서걱거리는 소리가 난다
금이 간 방바닥이 부서지는 소리다
20여 년 전에 온돌방을 보일러방으로 바꾸면서
동네 보일러 공工 곽씨에게 맡긴 것인데
부실공사를 한 것이다
방바닥이 서걱이는 소리를 들을 때마다
이미 죽은 지 오랜 그 곽씨가 다시 떠오른다

뜰의 돌절구통엔 노랑 어리연이
오이꽃 같은 앙증스런 작은 꽃을
한여름 내내 열심히 피워낸다
매일 아침 그 꽃들 앞에서 평화에 잠기며
그 어리연을 가져다 심어준 일곡日谷*을 생각한다
그분도 얼마 전 아쉽게 떠나갔지만
그 어리연이 남아 적막을 달래고 있다

지나온 발자취를 되돌아본다
한평생 거의 교직에 있기는 했지만
곽씨의 부실공사처럼
제자들을 적당히 가르쳐 팽개친 적은 없는가?
내뱉은 말이나 글들이
이웃들에게 혹 상처로 남는 건 아닌가?

세상에 남긴 자취들이
향기로 남게 되면 좋으련만…
혹 악취를 풍기면 어떡하지?
다시 주워담을 수도 없고…!

* 일곡 : 청주에 살았던 이재부 시인.

세상이 달라졌다!

떠가는 구름도
볼을 스치며 지나가는 바람도
어제의 그것들이 아니다!

햇볕을 폭포처럼 쏟으며
창궁蒼穹을 달리고 있는 저 태양도
어제의 그 해가 아니다!

쑥쑥 자란 텃밭의 상추며 오이며 가지며
분명 어제의 그놈들이 아니다!

너도 어제의 네가 아니다!

세상은 지금도 눈부신 개벽 중!
내일은 또 어떤 천지가 열리려는지?

지안至安

대장암 말기 선고를 받았던 내 친구가
『마지막 마음』이라는 '죽음'에 대한 성찰록을 썼다

책의 내용을 대강 간추리면 이렇다
곧 죽게 된다고 생각하자 극도의 절망감에 빠졌다
한평생 이루어놓은 삶—이 세상을 다 잃는다고 생각하자
허무, 분노, 애착, 후회 등의 격렬한 허탈감에 사로잡혀
땅을 치며 며칠 동안 울었다

그러고는 드디어
"그래, 죽자!"하며 죽음을 인정하기로 했다
삶을 포기하고 죽음을 받아들이기로 한 순간
이상하게도 마음의 평화가 찾아왔다
모든 갈등이 사라지고 무아경無我境에 빠져들었다
주위의 산천이며 지는 노을이 그렇게 고울 수가 없었다

어떻게 설명할 수 없는
황홀한 무장무애無障無礙의 경지를
그는 한참 동안 체득했다

열반涅槃의 경지가 이런 것일까?
해탈解脫의 상태가 이런 것일까?
그가 체험한 그 황홀감 엑스터시에
그는 '지안至安'이라는 이름을 달았다

그는 9년 동안의 투병 끝에
지금은 암을 극복하고 건강하게 살고 있는데
그의 삶의 목표는 '지안'을 다시 체험하려는 것
매일 새벽 일찍 산에 올라 명상을 하고
죽음을 생각하지만
지안을 다시 만날 수 없다고 쓰고 있다

그렇지만 그는 믿음을 갖고 있다

언젠가 '죽음'을 다시 맞게 되는 순간
그 '지안'은 반드시 찾아올 것이라고…
그래서 그는 죽음이 두렵지 않다고 썼다.

2부

씨들의 길

빗속 풍경

비가 쏟아집니다
능소화도 백일홍도 흠뻑 젖어
추레하게 몸을 움츠리고 있습니다

곁에 있는 토란은
연신 넓은 잎을 흔들면서
마술사처럼 비를 받아
물구슬을 빚습니다

그리곤 빚은 구슬을 아깝잖게
계속 땅에 쏟아 붓습니다

감나무 가지에서 비를 긋던
직박구리 한 녀석
고개를 갸우뚱 내려다봅니다.

쥐가오리

온몸이 넓은 지느러미로 된 가오리는
원래 해저의 펄에 몸을 감추고
플랑크톤을 먹고 사는 조용한 어족이다

그런데 쥐가오리는 좀 특이하다
이놈들은 먹이를 찾아 떼로 몰려다니며
수컷들은 수면을 박차고 수 미터 공중을 난다

그들이 허공에 떴다 수면에 몸이 부딪힐 때는
물이 튀기면서 대단한 소리를 낸다
그 소리의 크기로 힘을 과시하기도 한다

쥐가오리의 활공은 수컷들의 구애 수단
큰 소리 내는 놈을 좇아 암컷들이 모여든다고
어떤 어류학자는 주장하고 있다

그런데 정말 그 이유뿐일까?

그놈들도 물밖 세상이 궁금한 건 아닐까?

허공을 엿보는 수국의 저 가가린*들!

* 러시아의 우주 비행사 유리 가가린은 1961년 4월 12일
108분간 우주비행을 한 뒤 무사히 귀환했다.
그리고 세계 역사상 최초의 우주인이 되었다.

참나리꽃을 보며

참나리는
꽃을 피우기도 전에
잎과 줄기의 마디마디에 까만 씨를 매단다
엄격히 말하면 씨가 아니다
씨는 꽃이 수정을 해서 만들어낸 종자인데
이는 꽃과는 무관하게 미리 만들어지기 때문

식물학자들은 이것을 '주아珠芽'라고 하는데
구슬처럼 생긴 움이라는 뜻이리라
이 주아가 땅에 떨어지면 싹이 돋아 번식하니
씨와 다름 없는 구실을 한다
그래서 그런가
참나리꽃은 씨다운 씨를 만들지 않는다
그러면서도 요염한 꽃을 피워 벌과 나비를 부르다니…

참나리는 왜 꽃을 피우는가?

이게 요즘 나를 붙들고 있는 화두!

처음엔 꽃으로 번식을 했었는데
그 일이 번거로와 주아를 만들게 된 것인가?
아니면
주아로 번식하는 것이 문제가 있어서
다른 식물들처럼 꽃을 피워
유성생식을 시도하려 하는 것인가?

젠장, 꽃은 저리도 화사한데
그놈들이 가는 길이 무엇인지
참 알송달송하기만 해서
멍하니 들여다보고만 있다.

내 책상 위엔

LED 스탠드
노트북
스마트폰
탁상용 달력
자기 필통
신간 시집들 몇 권
물 한 병
귤 두 개
동충하초 한 팩
비타민C 캡슐
꿀병
생강차 한 컵…

아내가 갖다놓은 챙겨 먹어야 할 것들이
내가 읽고 쓰고 하는 것들을 압도한다

그러니

책상이 아니라 식탁이다.

대표작

한평생 지금까지 네가 쓴
모든 시는 다 헛것이다

가장 빛나는 시는
아직 태어나지 않았다

지금 네가 쓸 시가
바로 너의 대표작,

시여!
어서 오시라!

몽지람夢之藍

중국의 명주 가운데 양허洋河가 빚은 술에
해지람海之藍, 천지람天之藍, 몽지람夢之藍이라는 게
있다

'바다의 쪽빛' '하늘의 쪽빛' '꿈의 쪽빛'이라니
술에 선미仙味를 실은 풍류로운 이름이다

소문으로만 듣던 그 명주들을 나는
최근 몇 년 동안 운좋게 다 만나보았다

재작년에는 난정蘭丁*이 가져온 해지람을
시수헌*에서 단 둘이 바닥낸 적이 있고
작년 여름에는 내게 들어온 천지람으로
도봉산 계곡에서 소인騷人들의 흥을 돋운 바 있다

이런 내 술 얘기를 들은 어느 시인이
또 격조 높은 몽지람을 구해 보내왔기에

며칠 전 그 '꿈의 쪽 술'을 시수헌에 가져가
몇 시우들과 주회를 벌였는데

정오가 되기도 전에 시작한 그 술자리가
해가 뉘엿뉘엿 기우는 석양까지 이어졌다
몽지람이 바닥이 나자 진도 홍주까지 끌어들여
꿈의 쪽빛 바다에서 너울너울 출렁거렸다

"여주들 봇미나리 다발로 져다
물 좋은 흑산 홍어 얼큰히 무쳐
몽지람 홀짝이며 생각하네
갯가로 가리 까짓껏 갯가로 가
겨울에도 얼지 않는 남쪽 갯가로…"*

세상이 온통 흔들리는 환한 쪽빛이었다.

* 난정蘭丁 : 홍해리 시인의 아호.

* 시수헌詩壽軒 : 우리시회 사랑방.

* 졸시 「홍어회」의 한 구절을 변형함.

헷갈린다

이슬람의 시아파와 수니파가 헷갈린다
어느 쪽이 혈통주의고
어느 쪽이 계파주의인지
아니, 그들이 왜 서로 싸워야 하는지
헷갈린다

한 나라가 두 동강이 나서
같은 민족끼리 서로 왕래도 못하고
으르렁거리며 지내는 꼴도 헷갈리고

막강한 핵무기를 많이 갖고 있는 강대국이
군소국가들은 핵 갖지 말라 하는데
그래도 되는지 헷갈린다

저 산과 들판을 휩쓸어 버린 무서운 홍수가
어떻게 구름으로 허공에 떠 있었는가 헷갈리고
쇠로 된 배가 어떻게 물 위에 떠가는가도 헷갈린다

어떤 놈은 동물로 어떤 놈은 식물로
또 어떤 놈은 날개를 달고
또 어떤 놈은 지느러미를 달고 태어나는지 헷갈리고
죽어야 할 놈들이 계속 태어나는 것도 헷갈린다

세상엔 헷갈리게 하는 것들이 너무 많아
헷갈린다.

이슬의 힘

허공에 떠도는 구름

작은 수증기들이 모여 물방울이 되고
그 물방울이 모여 비가 되고
그 비가 대지를 적시는 생명수가 되고

그리고 그들이 모여 개울이
개울이 모여 여울이
여울이 모여 강이
그 강들이 모여 바다를 이룬다

그 바다의 포효
출렁이는 파도와 너울을 보았는가

풀잎 끝에 매달린
한 방울의 이슬을 우습게 보지 말라

그에게도 장차 거선을 뒤집을 수도 있는
혁명의 의지가 있나니…

통천通天

통通은 꿰뚫음, 두루 미침, 환히 앎 등
다양한 의미를 갖고 있는 글자다

통정通情은 정이 통하는 것이고
통화通話는 말이 통하는 것이고
통인通人은 박학다식한 사람을 이르는 말

그러니
통천通天은 하늘에 통함, 하늘까지 통함이리라

어떻게 하늘에 통한다는 말인가?

세상엔
하늘의 음성을 들을 수 있는 귀를 가진 이도 있고
하늘의 얼굴을 볼 수 있는 눈을 가진 이도 있다

누가 그런 능력을 지녔단 말인가?

사물을 고요히 꿰뚫어 볼 수 있다면

그대의 귀와 눈도 그렇게 열린다.

인생의 황금기

80이 가까운 몇 늙은이들이
느티나무 그늘 밑에 모여 앉아
제 인생의 황금기가 언제였던가
이 화제를 놓고 설왕설래한다

나는 말이시 50대 같아
회사의 중역으로 앉아
돈이며 사람이며 무서운 줄 모르고
떵떵거리며 지냈으니까

나는 말이시 20대의 학창시절이야
세상의 무엇이든 될 수 있다고
청운의 웅대한 뜻을 품고
기고만장하며 으스대던 때 말이야

나는 말이시 60대 퇴직한 뒤야
모든 것 다 내려놓고 별 걱정 없이

맛집이나 찾아다니며
하고 싶은 여행하며 지냈으니까

나는 말이시 10대의 청소년 시절이야
개울가에서 텀벙거리며
참외밭에 몰래 들어가 서리도 하고
친구들과 얼마나 즐겁게 지냈던가?

그러자 묵묵히 듣고만 있던 연장의 노인이
인생의 전성기?
그건 바로 지금 이 순간이야!
지나간 어떤 시간보다도 가장 값진 시간이지!

아무나 가질 수 없다

다이아몬드는
숯과 같은 탄소 물질에 불과하지만
고가의 다이아를 구입해
몸에 매달고 다니는 사람도 적지 않다

무릇 상품의 값은
수요와 공급의 원리에 의해 결정되므로
수요는 많은데 공급이 딸리면
하찮은 물건도 값이 올라갈 수밖에

재크린 케네디를 꿰어찬
그리스의 선박왕 오나시스,
<가셰 박사의 초상>*을 찜한
일본의 제지업자 사이토 료에이齊藤了英,

이런 것들은 아무래도
임자가 따로 있나 보다

아무리 돈이 많아도

배포가 없으면

주인이 될 수 없다.

* 이 작품은 고흐가 자살하기 전에 남긴 작품들 중 하나로
100년이 넘는 세월 동안 주인도 13명이나 바뀌었다고 한다.
1897년 당시 이 그림의 가격은 고작 58달러, 하지만
1990년 8,250만 달러에 낙찰되어 전 세계인을 경악케 했다.

길을 잃더라도

전철 3호선 7호선 9호선이 지나는
고속버스터미널 역의 지하도는 미로처럼 복잡하다
몇 차례 강남성모병원을 찾아갔던 적이 있건만
오늘도 한참을 헤매다 묻고 물어 겨우 찾아갔다

늙으면 걸음도 느리지만 길눈도 어두워지나 보다
그러니 세상을 보는 안목이며
생각하는 폭이 얼마나 흐리고 좁겠는가?

성모병원 영안실을 찾아가면서
저승의 길을 찾아가는 사람들도 그렇게 헷갈리면 어떡하지?
그런 쓸데없는 생각을 하다가
가다가 못 찾아 되돌아오는 영혼도 있겠구나 하는
더 쓸데없는 생각에 잠기기도 한다

사람들아

길을 잃어도 걱정하지 마시라
그대 가시는 도처가 길이니
길이 길을 물어 그대를 놓지 않으리라!

말 말 말…

차를 타고 가는 사람은 말할 것도 없고
길 위의 사람들도 휴대폰을 보고
혹은 이어폰을 끼고
열심히 시시덕거리며 가고 있다

무슨 얘기들인지는 모르지만
깔깔대고 웃고 하는 걸 보면
그렇게 심각한 정보 교환 같지는 않다

내 집사람도 한번 전화기를 들면
시간 가는 줄 모른다

도대체 그 많은 얘기들을
휴대폰이 없던 시절엔 어떻게 참고 살았을까?

쓸데없이 말이 말을 낳아
말로 어지러워진 세상

머잖아 사람들이 말의 바다 속에 잠겨
질식하지나 않을지 걱정스럽다.

엔터 = 입!

페북에서 댓글이나 답글을 쓴 다음 보내려면
자판기의 '엔터'를 누른다

그런데 오늘 아침 문득
내 컴의 엔터 키가 문제를 일으켰다
답글을 써놓고 엔터를 아무리 두드려도
행바꿈만 계속될 뿐 글이 올라가지 않는다

내 입이 닫힌 것이다
갑자기 벙어리가 되고 말았다
농아의 답답함이 어떤 것인가를 실감하며
그 동안 엔터가 내 입이었음을 깨닫는다

닫힌 이 입을 어떻게 열지?
어디에 문제가 있지?
국제적인 어떤 분쟁보다도
오늘 아침 이것이 내겐 더 큰 문제다

그 동안 쓸데없는 말
너무 많이 뇌까리고 있다고
누가 내게 벌을 내리신 보양이다.

씨들의 길

움직일 수 없는 식물들은
그들의 자손인 씨가 여물게 되면
여러 가지 방법을 택해
바깥 세상으로 내보낸다

어떤 놈은 흘러가는 물의 힘을 빌기도 하고
어떤 놈은 동물들의 몸을 이용하기도 한다

동물들의 몸에 붙어 옮겨지는 놈도 있지만
대개는 맛있는 열매를 빚어
동물에게 제공하고 그 대가로 씨를 옮긴다

그런데 이들과는 달리
환상적인 방법으로 씨를 떠나보내는 낭만파도 있다

씨앗에 깃을 달아 바람에 날려보내는
저 민들레나 엉겅퀴, 하수오, 박주가리들의

눈부신 활공을 보시라

바람의 갈기를 붙들고
허공에 길을 내고 있는 족속들
우화등선羽化登仙이 따로 없다.

화제

동창회나 향우회 등의 모임에 나가 보면
잘난 체하며 떠들어대는 족속들이 많다
어디를 가나 그들의 화제는 대동소이

처음 시작은 정치꾼들에 대한 비판
아니, 비판이라기보다는 욕설이다
아무개 놈은 그만 물러나야 하는데 버티고 있다는 둥
장관이며 국회의원 들이 씹히고
트럼프 김정은 시진핑까지 씹다가
신물이 나면 화제 이동이다

그 다음을 잇는 것은 연예인들이다
택시운전사 송강호가 어떻고
송준기 송혜교가 어떻고 하다가
송해까지 들먹이며 송가들 판이라고
영화에 연속극에 등장하는 수많은 인물들이
술안주로 오르내린다

그러다가 누가 골프 얘기를 꺼내면
여기저기서 또 뒤질세라 아우성들이다
연습장과 필드를 오가면서
누가 5번 우드로 140을 쳤다니까
누군 6번 아이언으로 150을 날렸다며
언더와 파를 들락이며 설왕설래 야단들이다

신문도 잘 안 보고
연속극에도 관심이 없는 나는
골프는 더욱 문외한이어서
그들의 화제에 끼어들지도 못해
(그렇다고 이 판국에 내가
시조 한 가락 읊겠다고 나설 수도 없고)
꿔나 놓은 보릿자루처럼 앉아 있다가
슬거머니 먼저 일어서는 수밖에…

3부

실로폰 소리

실로폰 소리

40여 성상을 한 집에서 버티다 보니
지붕도 문짝도 다 헐었다

사납게 비가 퍼붓는 밤이면
윗목에 양동이를 받쳐놓고 잠을 잔다

천정에서 양동이로 떨어진 물방울이
작은 실로폰 소리를 낸다

옛날 방안에서 우산으로 빗물을 피한 선비가
우산도 없는 집을 걱정했다던데…

본의 아니게 나도 청빈의 계열에 들어
스스로를 위로한다

양동이가 있기에 망정이지
받칠 게 없으면 어쩔 뻔했나!

야관문夜關門*

야관문을 지고
시수헌詩壽軒*으로 간다

지난 스승의 날 한 제자가
내 기력을 생각고 가져온 술이다

매일 혼자
바라만 보고 망설이다가

기왕이면
여러 시우들과 나누는 게 좋을 것 같아서…

오늘 밤 몇 사람이나
밤의 빗장을 풀게 될지 궁금하다.

* 야관문이란 약초로 만든 술. 정력에 좋다고 선전하고 있음.
* 시수헌 : 우이동 시인들의 사랑방.

페전*을 펼쳐놓고

저잣거리에 돗자리 하나 펴고 주저앉아
푸성귀를 팔고 있는 노파처럼

나도 페북의 길가에 자리 하나 펴고
글 몇 개 올려놓고 전을 벌이고 있다

때로는 몇 장의 사진도 덤으로 끼워 넣고
이른 아침부터 목이 터지게 외쳐대건만

걸음을 멈추고 잠시 들여다보며
엄지를 추켜세워 준 손님은 별로 없다.

* 페전 : 페이스북에 펼친 전廛, 방房.

나도 광고나 하나 찍어 봐?

하루 하루의 삶이 너무 적막하니
이런 엉뚱한 생각도 해 본다
나도 CF광고에나 한번 얼굴을 내밀어 봐?

잘 나가는 배우들은
1년에 7, 8억을 받는다고 하는데
나는 할인해서
한 1억쯤 하면 안 팔리려나?

이름도 없는 당신을 누가
어느 기업에서 광고모델로 쓰겠나?

그런 말씀 마시게!
좀 낡았기는 하지만
아직 때묻지 않은 신선한 얼굴!
저 화상이 누구인가 궁금해서
세상이 오히려 관심을 가질 수도 있잖아?

더구나 그 등신이
시를 괜찮게 쓰는 시인이란 걸
뒤늦게 알게 된다면
혹
연민의 정을 불러일으켜
대박을 칠지도 모를 일!

어떤가?
나에게 베팅을 걸
어느 눈 밝은 기업인은 혹 없는가?

금일봉金一封

얼마 전 처음 만난 한 교포 시인*으로부터
뜻밖에 봉투 하나를 받았다

잘 나가는 민항기의 조종사를 그만두고
아메리카로 건너가 농장을 하다가
폭삭 망했다는 농부

지금은 미국과 멕시코를 오가며
농산물 유통업을 해서 성공한 사업가

한국의 전통시 시조에 미쳐
교포들을 모아 시조문학회를 만들고
작품집을 간행한다는 시인

세계를 유랑하며 살아가니
가는 곳이 다 제 집이라는 방랑자

그는 입담지게 그의 일대기를
한 뒤 시간쯤 늘어놓았다

그리고 헤어지는 자리에서 내게
봉투 하나를 내밀었다

그의 얘기를 들어준 대가라고 하기엔
과한 액수가 아닌가!

내가 갑의 자리에 있지 않으니
김영란법에 저촉될 리야 없겠지만

곤궁한 시인에게 베푼 호의가
어쩐지 적막하기만 하다.

* 김호길 시인. 아마도 가난하게 살아가고 있는 한 늙은 시인이 딱하게 생각되었던가 보다.

꽃에 대한 의문

꽃은 식물의 생식 기관이니
사람의 생식기를 꽃이라 부르면 안 되나?

그대의 꽃은 건재하신가?
그대의 꽃은 향기로운가?

그대는 왜 그 아름다운 꽃을
굳이 감추고 살아가시는가?

그대는 왜 그 황홀한 꽃을
그렇게 부끄러워 하시는가?

부음訃音

어느 시인이
최후의 승부를 걸었다

말로 쓰는 시에 세상이 움직이지 않자
몸으로 시를 써 보이겠다고

그래서 옥상에서 몸을 던져
대지에 붉은 피의 시를 썼다

다음날 조간에
시인의 죽음이 몇 줄 보도되었다

그리고
세상은 다시 잠잠해졌다.

말 값

기록으로 전해 오는
유명인들의 1회 강연 값은 억대다

전 영국의 총리 토니 블레어는 50만 달러
전 미국대통령 로널드 레이건은 100만 달러
대통령 되기 전 도널드 트럼프는 150만 달러

그런데,
나— 임보의 강연료는?
고작 200불을 넘지 않는다!

제길헐!
어떻게 해야 나도 말 값을 올리나?

걱정

내 아내 안 권사님의 기억력은
뛰어납니다

내게 온 자잘한 선물의 주인공이 누구인지
10년이 지난 뒤에도 다 기억합니다

덜컥 겁이 납니다

내가 서운케 했던 일들 많고 많은데
그걸 다 어떻게 지우고 가지?

겨울 시법

어떤 그림은 눈부신 색채를 담아
황홀한 화폭을 자랑키도 하지만

또 어떤 그림은 수묵의 여백으로
은은한 울림을 보이기도 한다

수사와 기법으로 어지러웠던
내 지난 시절의 문장이여,

이 겨울엔 부질없는 기교를 덜고
말수를 더 줄이기로 한다.

겨우

어떤 이는 삼천리를 발로 누비며
대동여지도를 그려냈다

또 어떤 이는 수만 환자를 손수 살피며
동의보감을 엮기도 했다

겨우 서너 평 텃밭에 오르내리며
푸성귀 몇 포기 가꾸는 작은 사람아,

겨우 몇 마디 말을 엮어
시詩랍시고 긁적거리는 게으른 사람아!

* 내가 내 자신을 돌아봐도 행색이 너무 초라하다.

광고

어떤 소주를 마시다 문득 떠오른 생각
병에 붙은 상표의 글씨가 어쩐지 맘에 걸린다
저걸 내가 한번 멋드러지게 써 본다?

하기사 그 상표의 글씨로도 잘 팔리니
굳이 바꿀 필요가 없다고 생각할까?

하지만 기똥차게 바꾸어 놓으면
더 많은 술꾼들이 달려들어
나발을 불어댈지도 모를 일인데…

어떤 저명인이 쓴 소주 상표 글씨는
수십 년 전에 1억 원 짜리라는 풍문이던데
나는 한 2억쯤 받는다?

아니지, 그렇게 욕심 부릴 일은 아니지
한평생 내게 소주만 댄다면

그냥 써 주꼬마!

능청능청 술맛나게!

휘청휘청 얼큰하게!

*임 보가 이젠 별짓을 다하고 자빠졌다!

동상별침同床別寢

동상이몽同床異夢이란 말은 있지만
동상별침同床別寢이란 말은 무언가?

한 잠자리에서도 꿈은 서로 다르다가 동상이몽인데
동상별침이라?

쉽게 얘기하자면
같은 요를 깔고 함께 자기는 하지만
머리의 방향은 서로 반대라는 뜻이다

무슨 그런 일이 다 있느냐고?
놀라실 만도 하지만
이건 우리집의 관례— 불문율이다

나와 아내는 습관과 취향이 서로 달라
나는 일찍 자고, 아내는 늦게 자며
아내는 텔레비전을 즐기는데 나는 별로다

침실에 든 아내가 TV를 감상하고 있으니
나는 TV의 부신 광선을 피해 반대로 눕는다
그러니 아내와 내 위치는 상반된 상태
결국 서로의 머리와 발을 나란히 하고 자게 된다

세상에 이런 부부가 있는가고 할지 모르지만
이것이 우리가 터득한 평화의 자세
이젠 이 동상별침이 전통이 되어
어쩌다 머리가 서로 나란하면 오히려 불안하다.

일필휘지一筆揮之

한 편의 영화를 만들려면
같은 장면을 수십 번 촬영해서
그 중 최선의 것들만을 골라 짜깁기한다

하나의 음반을 만드는데도
수백 번 같은 노래를 불러
그 중 최선의 소리 마디를 골라 짜깁기한다

유화 같은 그림도 수십 번의 붓이
덧칠을 하며 만들어내고
시도 퇴고에 퇴고를 거듭하게 되니
이것들도 짜깁기의 사촌인 셈이다

그러나 서예나 문인화에는
일필휘지라는 것이 있지 않는가?
붓 한 번으로 기개氣槪를 심어가는
그 통쾌한 멋스러움이라니!

노래나 시도
즉흥으로 토해내던
그 육성肉聲의 시대가 그립다.

나는 시를

요사이 임보가 끼적거리고 있는
그런 글들이 무슨 시냐고
비아냥대는 분들이 없지 않음을 안다

술 얘기, 마누라쟁이 얘기, 친구며, 이웃들의
잡다한 일상사를 그냥 갈겨대는 것이
무슨 시냐고 말이다

맞는 말씀이다
내가 요즘 지껄이는 시라는 것들이
무슨 명분도 실속도 없는 허접한 잡소리다

그렇지만 한 가지 물어보자
시가 꼭 거대담론이어야 하는가?
역사와 우주를 꿰뚫는
몽매한 인류를 일깨우는
무슨 금과옥조의 계명이라도 되어야 하는가?

그대의 생각이 그렇다면
그대는 그렇게 거대한 시를 쓰시라
시를 신성히 받들어
상전으로 모실 분은 그렇게 하시라

나는 시를 그냥 벗으로 사귄다
벗이기보다도 차라리 하인
아니, 종으로 부린다

말하자면, 나는
투정이나 욕 대신
시로 갈겨댄다.

집 한 채 허물다

컴컴한 이른 아침 현관을 열고
조간을 집어 오려 대문 쪽으로 간다

소나무 밑에 이르자
내 머리와 이마에 뭐가 걸린다
거미줄이다!

밤새 축조해 놓은
한 주공蛛公의 그물에 내가 걸렸다

그러나 포획물이 너무 커서
그물이 그만 찢어지고 만 게 아닌가!

신문을 주어 가지고 돌아서면서
문득 생각한다
(법망法網도 큰놈은 못 잡겠구나!)

주공이여!

네 집의 터를 사람의 길가에 잡지 말라

네 그물을 한적한 곳에 칠 일이다

오늘 아침 본의 아니게

남의 집 한 채를 허물었다.

4부

루드블랑

내가 문제다

산천 경계 구경한다고 너무 쏘댈 것 없다
그 산이 이 산, 그 물이 이 물이다

팔도 음식 맛보겠다고 너무 나댈 것 없다
그 음식이 이 음식, 그 맛이 이 맛이다

좋은 사람 사귀려고 너무 고를 것도 없다
그 친구나 이 친구나 그 사람이 이 사람이다

하나만 보고도 천의 일을 짐작할 수 있다
내가 잘하면 천하 만인이 다 좋은 이웃이다!

시가 좀 야하면 안 되나?

지가 무슨
성인군자도 아니면서
시골 훈장 말씀 같은
그런 시는 왜 쓰나?

시인의 뿌리가 무당이라지만
인디언 주술 같은
알아듣지도 못할 말들은
왜 씨부렁대나?

농담 같은, 만담 같은
흥겨운 시
사랑방의 Y담 같은
짜릿한 시

놀음 같은
오입 같은

그런 시는 왜 안 되나?

그런 시는 왜 못 쓰나?

빼뿌쟁이

운수재의 뜰에 온통 빼뿌쟁이들이 판을 치고 있다
몇 놈 자란 것을 보고 그냥 내버려 두었더니
이젠 이놈들이 아예 뜰 전체를 점령할 기세다

빼뿌쟁이는 질경이를 이르는 남도 사투리다
수레바퀴 밑에서도 살아남는다는 끈질긴 풀 차전초 車前草
사람의 발자국도 아랑곳없이 마당의 보도블록 틈에서도 돋아난다

끈질긴 풀이라서 '질경이'라는 이름을 얻었겠지만
'빼뿌쟁이'라는 이름은 왜 생겼을까? 생각하며
호미를 들고 한나절을 토벌했다

포기마다 도깨비방망이처럼 씨를 밀고 올라오는 그 놈들이
장차 빼뿌쟁이제국을 만들 걸 생각하니 아득해서

좀 안 됐기는 하지만 척결을 하기로 결단을 내린 것

뺏뺏하게 버티는 놈이라고 빼뿌쟁이?
삐딱하게 뻔뻔한 놈이라고 빼뿌쟁이?
내년 봄이면 또 벌떼처럼 일어날 빼뿌쟁이!

밤의 전략

밤의 전략?
밤[夜]의 전략이 아니라,
밤[栗]의 전략 얘기다

조율이시棗栗梨柿 가운데서도
대추나 배나 감과는 달리 밤은 좀 헷갈리는
멍청한 과일로 생각했다

대개의 과일들은 맛있는 과즙을 동물들에게 제공하고
제 씨를 다른 곳으로 옮기는 작전을 쓰고 있는데
밤은 뭐야? 씨를 통째로 주다니!

추석 성묫길에 떨어진 밤톨을 주워담으면서 생각한다
한여름 내내 가시투성이 사나운 밤송이로 지키다가
때가 되면 스스로 가시를 열고 씨를 땅에 쏟는다

그런데 뭐야?

사람들은 씨의 단단한 갑옷과 비늘을 벗기고
그 속의 달콤하고 고소한 살을 갈취하지 않는가?

차라리 달콤한 살을 만들지 말고
고약한 악취를 풍기도록 했으면 사람들의 손을 타지 않고
순탄하게 종족을 퍼뜨릴 수 있을 텐데…. 참 미련한 놈들!

그렇게 생각하다, 아차! 내 머리가 띵하다!
그놈들의 고도한 술수를 내 이제야 깨닫노니
지상의 강자 인간들을 부려먹는 그들의 계략을…

밤의 맛에 홀린 사람들이
산마다 밤나무들을 즐비하게 심어
밤꽃이 필 무렵이면 온 산천이 얼마나 몽롱하던가!

만주문萬柱門

사찰을 찾게 되면
제일 먼저 맞는 것이 일주문一柱門이다

두 개의 기둥을 세워
그 위에 지붕을 얹어 만든 문이 산문山門인데
산과 절의 이름이 걸린 문이다

사바와 도량
세간世間과 출세간出世間의 경계라고 이른다

나는 연전에 한 암자를 찾아가면서
살아 있는 산문을 만나 본 바 있다

절에 오르는 가파른 돌계단의 주위가 온통 산죽밭
길 양편의 산죽들이 서로 어울어져 터널을 이루어
한낮에도 굴처럼 컴컴하다
일주문 대신 수많은 생대[生竹]의 기둥들을 세웠나?

이름하여 '만주문萬柱門'이라 부르기로 했다

경주의 남산 칠불암
일곱 부처에 오르는 길이다.

존재 불멸의 법칙

물을 마시면
물이 없어지는 줄 알았다
그러나 물은 없어지지 않고 자리만 바꿀 뿐이다
컵에 담겼던 물이 내 위장 속으로 들어가
혈액에 스미든지 땀으로 배든지 소변으로 나오든지
혹은 수증기로 허공에 날아간다 할지라도
없어지는 건 아니다

한 덩이 바위가
수만 년의 풍화작용으로
그 형체가 허무러진다손 치더라도
그 바위가 없어진 건 아니다
자갈로 모래로 흙으로 먼지로 남아
이 세상을 떠나지 않는다

한 그루의 거목이 죽어도
한 마리의 사자가 죽어도

그 형체만 바뀔 뿐이지
그것을 구성했던 요소들은 사라지지 않는다

사람들아
그대들도 사라지지 않는다
설령 목숨이 다해 몸이 스러진다 할지라도
그대의 몸은 세상 속에 스며
세상과 더불어 영존永存한다.

루드블랑

광화문 근처의 예식장을 찾아간다
예식장이 아니라, 웨딩홀 루드블랑
트윈트리 타워 A동 B2라고 하는데
하늘을 찌르는 빌딩의 숲들 속에
번쩍이는 쌍둥이 유리건물들이 많아서
몇 군데를 기웃거리다 겨우 찾는다

예식장, 아니, 웨딩홀이어서 서양식 이름인가?
강남의 유명한 웨딩홀을 검색해 보았더니
엘타워·더라빌·드레스가든·더파티움·더화이트베일·마리드블랑·더채플앳청담·스칼라티움·Y타워·더포레…
노린내 풍기는 낯선 이름들
요즘 취향이 다 이런가 보다

가까스로 루드블랑(Rue de Blanc : 순백의 길)을 찾아
혼주의 얼굴만 잠시 보고

식권을 받아들고 식당에 들어가
낯선 손님들과 섞여 앉아
진행되는 예식을 스크린에서 힐끔힐끔
스테이크에 국수를 먹으며 생각한다

이러다간 머잖아 신랑 신부의 이름도
안토니나 로라로 바뀌는 게 아닐까?
사람의 이름뿐만 아니라
거리며 강이며 산의 이름도
서양물이 들어갈지 모르겠다

소월로가 지드-스트리트로
한강이 한-세느로
북한산이 그린-알프스로

세계연방국이 되어도 괜찮겠다!

시인과 시

시인은 한평생 시를 쓰는 사람이다

한동안 시를 썼다 작파한 사람은
이젠 시인이 아니다

시인은 시가 생활인 사람이다

일년에 몇 편 시를 썼다고
시인인 척하는 건 불경不敬이다

시를 못 낳는 불임의 시인은
더 이상 시인이 아니다

하지만
하루에 십여 편씩 쓴다고 으스대는 사람아

그대가 낳은 것이 시가 아니면

그대도 아직 시인은 아니다.

나무에게 조심하자

어느 지혜로운 과수원지기는
그의 과목들에게 감미로운 모차르트를 들려주며
맛 좋은 과일을 생산해 낸다고 한다

귀도 없는 나무가 어떻게 음악을 듣느냐고?

눈도 없는 나무가 이쁜 빛깔의 꽃을
피우는 걸 보지 않았는가?
그들은 벌 나비가 좋아하는 빛깔을 훤히 알고 있다

코도 없지만 고운 향기를 담을 줄도 알고
혀도 없지만 달콤한 꿀을 만들 줄도 안다

그들이 아무 물정도 모를 거라고?
천만에!

그들 곁을 지나며 함부로 지껄일 일 아니다

"저런 체신머리 없는 사람들 좀 보게!"

이렇게 중얼거리며 혀를 찰지도 모른다.

눈 내리는 날

함박눈이 펑펑 쏟아지는 날
육교 밑엔 비둘기 자매들

털모자에 스케이트를 둘러멘
소녀들이 깔깔대고 지나가고

길가 포장마차 어묵 솥은
보글보글 끓고 있는데

주인 할머니의 돋보기는
낡은 성경책에 푹 묻혀 있다.

적은 것이 좋다

눈이 한 뼘쯤 내리면 좋아하던 사람들도
눈이 한 길쯤 쌓이면
'이 웬수야!' 하며 하늘을 쳐다본다

돈도 그렇다!
빈 주머니를 채울 몇 푼의 돈일 때 소중하다
만일 그대가 움직여야 할 돈이
집채만큼 쌓여 있다면

좋을 것 같은가?

그것은 이미 축복이 아니라
형벌이며 저주다!

가난이 무방하다

가난에 쪼들려 한이 맺힌 사람들의 소원이
돈벼락이라도 싫컷 맞아봤으면 하지만…

누가 1억 원쯤의 돈뭉치를 가져와 그대의 마빡을 내려친다면
혹 견딜 만하다고 미소를 지을지 모르지만…

누가 100억 원 돈뭉치를 가져와 그대를 후려친다면
아마도 비명을 지르며 혼비백산 까무러칠 것이다

로또복권에 당첨된 사람들이 행복할 것 같은가?
겨우 수십억 원의 그 돈을 지키기 위해서 전전긍긍

어떻게 쓸 줄을 몰라 노심초사 밤잠을 설치다가
끝내는 술집이나 노름방에 가서 다 쏟아 붓고

원래의 빈털터리로 다시 돌아오게 된다

몸을 다 망가뜨린 술주정뱅이가 되어—

지나고 나면 다 아름답다

추운 겨울을 넘으며
더운 여름의 고마움을 깨닫고

무더운 여름을 지나며
떨었던 겨울을 그리워한다

가난도 지나고 나면
향기로운 추억이 되고

슬픔도 지나고 나면
보석처럼 영롱해진다.

삶의 재미

다가오는 미래가 궁금해서
사주를 보거나 점집을 찾는 사람들아,

내일을 미리 알면 좋을 것 같은가?

오늘을 사는 재미는
미지의 내일을 맞는 설레임에 있다

막이 막 열리는 무대처럼…

기울어진 세상

세상이 공정하기를 기대하지 말라
너는 언제 만인을 공정하게 대했는가?

정의가 실현되지 않는다고 한탄하지 말라
너는 항상 정의로웠는가?

민주주의 너무 믿을 것도 없다
우중을 잠재우는 사탕발림일 뿐

원래 삐딱하게 돌아가는 지구처럼
세상도 그렇게 기울어져 돌아간다.

5부

고요의 뼈

소중한 사람은

학식이 많은 사람?
경험이 많은 사람?
재산이 많은 사람?

정의로운 사람?
정직한 사람?

아니다,

주위를 평안케 하는 사람이다!

사는 맛

걱정이 없으시다고요?

일하지 않아도 되고
몸도 건강하다고요?

빚도 없고
숨겨둔 사랑도 없고…

그럼
무슨 맛으로 살지요?

* 적당한 근심 걱정이 삶에 맛을 더해 주는 양념 같기도 하다.

죽음은 축복이다

죽음을 안타까워 말라

영원히 사는 것—
그것처럼 큰 형벌은 없다

종말이 없는 천국은
낙원이 아니라
종신수의 감옥

삶이 소중한 것은
유한하기 때문이다.

결정장애

무엇이 될까?

돈을 많이 버는 사업가?
거들먹거리는 공무원?
존경 받는 학자?
트랙터를 모는 농부?
……

어떤 기준으로 배우자를 선택할까?

미모를?
가문을?
학벌을?
모든 걸 다 갖춘 사람은 없다

오늘은 누구를 만난다?
만나서 무슨 얘기를 한다?

무엇을 입고 나간다?
머플러를 할까?
외투를 걸칠까?

점심은 뭘 먹는다?
설렁탕을?
우동을?
빵을?
…?

하루가 아니, 한평생이
결정해야 될 과제들로
머리가 늘 무겁다.

내일에 대한 예감

내일은 쾌청할 것이라는 기상대의 예보
남미 페루쯤에서 고운 그림엽서가 날아올 것만 같다

내일은 내 선시仙詩에 대한 기사가
중국의 한 지방지에 대문짝만 하게 보도될 것만 같다

내일은 프랑스의 한 저명한 출판사에서
내 시선집을 출간하겠다는 전문이 올 것만 같다

그리고 또 내일은
어느 반가운 손님이 찾아와
운수재의 매실주가 더욱 향기로울 것만 같다.

돌이켜 보니

한 10년 땅이라도 팠더라면
노다지라도 한 덩이 만났으리

한 20년 배라도 열심히 탔더라면
고래라도 몇 마리 낚았으리

한 30년 장사를 했더라면
빌딩이라도 하나 크게 세웠으리

한 반백 년 쏟아 무엇을 했던들
어찌 기똥찬 명인名人이 안 되었으랴

그런데 한평생 시에 매달린 이 몸
남는 게 겨우 시집 몇 권일세!

시를 지망하는 젊은이들에게

가능하다면 시의 길에 들어서지 마시라

한평생 시에 매달려 온 내 꼴을 보라
그래도 시를 써 보고 싶으신가?

그렇다면 몇 가지 부탁이 있다

시는 노래다
흥겹고 재미있게 읊도록 하라

시는 아름다움이다
그대가 써놓은 글에 아름다움이 없다면
미련없이 버려라

시도 새로워야 한다
그대만의 생각이나 표현을 담고 있는가?
모방과 답습은 존재의 의미가 없다

세상에 대한 비판을 시에 담고 싶다고?
그대의 안목이 옳다는 확신이 서면
그릇된 세상을 향해 철퇴를 가할 수도 있다
그러나 풍자와 역설의 옷으로 부드럽게 포장하라

시는 세상에 대한 사랑이다
그대가 쓴 글이 세상을 어지럽힌다면
그대는 불량배지 시인은 아니다
그대의 글이 세상을 살지고 부드럽게 해야 한다

시는 맑은 정신을 품은 경전이며
시인은 세상이라는 사원의 성직자다.

공염불

나는 끼니 때가 되면 성실히
세 끼를 잘 찾아 먹는 3식이다

그런데 문득 귀찮다는 생각이 들었다
하루에 세 끼를 꼭 다 먹어야 하나?

어떤 선사는 1식만으로도 잘 버텼다는데
나는 2식으로 견뎌 보면 안 될까?

어제에 이어 오늘도 점심을 거부했더니
아내가 걱정스러운지 안달이다

밥 대신 가져다 놓은 주스며 과일들로
내 책상이 그만 식탁이 되고 만다

이러다간 2식이는 고사하고
4식이 5식이를 능가할 것만 같다.

산양

양들은 드넓은 초원에서 떼를 지어 잘 살아가는데
험준한 바위 절벽에 붙어 사는 산양을 보면
연민의 정을 금할 수가 없다

양들의 나라에서 쫓겨난 유배양인가?
면벽 수행을 하려고 출가한 수도양인가?
티벳 고산지대의 원주민이 떠오르기도 한다

어쩌면 그들의 조상은
싸움을 모르는 무저항주의자들이었을지 모른다
쫓기고 쫓겨 벼랑 끝 절벽에 이른 평화주의자들

혹독한 이 세상에서 밀리고 밀려
시詩의 벼랑 끝에 겨우 매달려 있는 나도
어쩌면 산양의 후예인지도 모르겠다!

믿을 게 없다

말을 믿지 마시라
왕년에 내가 잘 나가던 때 운운하며
허풍스럽게 떠드는 말들
믿을 만한 것이 못 된다는 걸
잘 아시지 않는가?

글도 마찬가지다
회고록 운운하며 떠벌이는 말들
다 아전인수의 변명이거나
자기 과시의 거짓말들이다

진실을 드러내려고 쓰는 글은 없다
역사도 지배자의 의지를 담은 기록이고
집필자의 창작물에 지나지 않는다

그래서 정직한 사람들은
회고록이나 자서전을 쓰지 않는다

진실을 기록할 수 없기 때문이다.

고요의 뼈

한밤에 잠에서 깨어
이불 속에서 귀를 기울인다
귀로 밀려드는 고요가 빽빽하다
내 꿈의 세상이 아직 바깥에 남아
어서 잠 속으로 다시 들어오라고 보채는 소린가?
추위에 떠는 나무의 영혼들이 아우성을 치는 것인가?
짐승들의 정령들이 무도회를 열고 있나?
아니면
천상의 별들이 달려가며 숨을 몰아쉬고 있는가?

고요도
고막을 헤집는 뼈가 있음을
육신의 주파수로는 받아들일 수 없는
더 큰 소리들이 떠돌고 있음을
긴 잠의 휴식에서 문득 깨어난 귀가
천기누설의 여운에 문득 열리는가 보다

말랑말랑한 뼈
어둠의 뼈
잡히지 않는 울림…

고요가 뻐끈하다.

현재라는 허상

탁상 위의 자명종은 1시 10분에 들어섰는데
노트북에 나타난 시간은 오후 1:08
스마트폰을 열어봤더니 오후 1:11
내가 가진 시간 계측기들은 각각 다 다르다
도대체 지금은 정확히 몇 시 몇 분인가?

흘러가는 시간을 붙잡아서 뭘 하겠다는 건가?
'지금'을 정확히 알아 뭘 어쩌겠다는 건가?
'지금'은 잡을 수 없다
'지금'이라고 하는 순간 이미 사라진다
'지금'은 끝없이 유예되면서 과거 속으로 밀려간다
현재는 과거와 미래의 틈에 관념적으로만 존재하는 허상이다

지금은 몇 시라고?
몇 시라고 하는 순간 그것은 이미 과거 속에 묻힌다
내가 바라보고 있는 내 시야에 들어온 풍경들은

과거 속으로 점점 매몰되어 가고 있는 허상이다

현재라는 이 잡히지 않는 유령!

유희적 인간[homo ludens]

지상의 수많은 짐승들과는 달리
인간은 참 별종이다

네 발이 아닌 두 발로 걷는 것이 그렇고
언어를 만들어 의사소통하는 것이 그렇고
손으로 도구를 만들어 사용하는 것이 그렇고
떼를 지어 집단을 이루며 사는 것이 그렇다

그러나 이런 것들보다 더 놀라운 것은
'놀이'를 하며 즐긴다는 사실이다

축구 야구 농구 배구 정구 골프 등을 위시해서
육상 빙상 수영 등의 각종 기록 경기들
권투 유도 씨름 레슬링 펜싱 등의 싸움이며
경마 투우 자동차 등의 경기도 그렇고
바둑 장기 체스 화투 포카 등도 다 놀이다

음악 미술 무용 연극 영화 같은 예술도 놀이고
언어로 말장난을 벌이는 문학 특히 시 또한 놀이다

이 겨울 얼음과 눈밭 위에서 펼쳐지는
평창 동계올림픽 TV중계를 보면서
'유희적 인간(homo ludens)'을
새삼 실감하며 즐겁게 겨울밤을 지낸다.

* 호모 로퀜스 homo loquens : 언어적 인간
* 호모 파베르 homo faber : 도구적 인간
* 호모 소키에스 homo socies : 사회적 인간
* 호모 루덴스 homo ludens : 유희적 인간

이름날 일

어느 성현은
'남이 알아주지 않아도 개의치 않음이 군자'라고 했는데
나는 군자와는 거리가 먼 소인인가 보다
누가 혹 내 글을 읽어주지 않나 하고
매일 페북에 열심히 드나들고 있는 꼴이라니…

그래봐야 백년하청,
세상은 임보를 거들떠도 안 본다
유명해지려면
방송이나 신문에서 연일 떠들어대야 하는데
아무리 생각해도 내겐 이름날 일이 없다

그렇다면
시류에 부응해서 나도 '괴물'이라도 한번 돼 본다?
나를 찾아오는 젊은 여성은 없으니
길 가는 여성이라도 붙들고 희롱을 한번 해 본다?

그러나, 만일 내가 그런 해프닝을 벌인다면
신문사나 방송국에서 찾아와
특종으로 보도하기는커녕
파렴치한으로 즉각 고발되어
경찰서의 유치장에 감금되고 말 게 뻔하다

세상의 주목을 받는 괴물도
아무나 되는 것이 아니다
명불허전名不虛傳*!

* 명불허전 : 명성이나 명예가 헛되이 퍼진 것이 아니라는 뜻으로, 이름날 만한 까닭이 있음을 이르는 말.

누가 더 행복한가?

온종일 뙤약볕에서 김을 매는 농부
이른 새벽부터 바다에 나가 파도와 싸운 어부
늦은 저녁까지 가게를 열고 손님을 기다리는 상인
장부에 매달려 숫자와 씨름하는 회사원

교사도 의사도 판사도
이 세상에 자유롭고 행복한 직업은 없다

지하도에서 담뇨를 덮고 밤을 맞는
디오게네스의 후예—저 노숙인들
그들을 너무 깔보지 마시라!

누가 그들보다 더
유유자적한 하루를 살았는가?

척

보고도 못 본 척
못 보고도 본 척

듣고도 못 들은 척
못 듣고도 들은 척

알면서도 모른 척
모르면서도 아는 척

좋으면서도 싫은 척
싫으면서도 좋은 척

있으면서도 없는 척
없으면서도 있는 척

우리詩시선 063 **청산무**

1판 1쇄 펴낸날 2020년 6월 1일
지은이 임 보
발행인 洪海里
디자인 방수영
펴낸곳 도서출판 움
등록번호 제2013-000006호
등록일자 2008년 5월 2일
주소 01003 서울시 강북구 삼양로 159길 64-9
전화 02) 997-4293
이메일 urisi4u@hanmail.net
ISBN 978-89-94645-59-9(03810)

값 10,000원

* 이 도서의 국립중앙도서관 출판예정도서목록(CIP)은 서지정보유통지원시스템 홈페이지(http://seoji.nl.go.kr)와 국가자료공동목록시스템(http://www.nl.go.kr/kolisnet)에서 이용하실 수 있습니다.
(CIP제어번호 : CIP2020020789)